Aquaristik

Satz: FoCoTex Klaus Nowak, Berg/Starnberger See
Druck: Dr. Cantz'sche Druckerei, 7302 Ostfildern 1 (Ruit)
Bindearbeiten: Sigloch Buchbinderei, Künzelsau
2 3 4 5 95 94 93 92
Auflage Jahr
(jeweils erste und letzte Zahl maßgeblich)
ISBN: 3-8231-0188-9

Aquaristik

Ein fröhliches Wörterbuch für Aquarianer, Skalar-Liebhaber, Guppy-Züchter und alle, die der „schweigenden Welt“ der Aquarien den Vorzug vor unserer lauten geben.

Von Stefan Schmidl
mit Zeichnungen von Erik Liebermann

TOMUS

Aal

UND DU BIST SICHER, DASS DEIN AAL SEINEN REGELMÄSSIGEN SONNTAGSAUSFLUG BRAUCHT?

A

Aal

Je nach Alter wurm- bzw. schlangenähnlicher Fisch, der seine Popularität mehr dem Geschmack als seinem Aussehen verdankt. Wird daher meist nur kurzfristig in Schaubecken von Fischrestaurants angetroffen. Wir unterscheiden: Glasaal, Flußaal, Räucheraal, Plenarsaal, Mühsa(a)l.

Abdeckung

Schützt das Aquarium vor übermäßiger Verschmutzung durch Staub, achtlos weggeworfenen Zigarettenkippen, dem Versenken allerlei Krimskrams durch des Fischfreundes Sprößling sowie Fische mit übermäßiger Springlust vor sich selbst.

Adventivpflanzen

Haben überhaupt nichts mit Weihnachten zu tun, auch wenn der Name dies oberflächlich suggeriert. Vielmehr handelt es sich um Jungsprosse, die an einem Organ der Mutterpflanze gebildet werden. Man spricht in diesem Fall von Jungfernzeugung.

Agassiz' Zwergbuntbarsch

Ja, es könnte Pate gestanden haben bei der Namensgebung dieses schillernden, kleinen Barsches, das quietschbunte Enfant terrible der Tennisszene. Die Unterscheidung ist jedoch leicht möglich, da die Fische weder Radfahrerhosen tragen noch eine starke Brustbehaarung aufweisen. Männchen dieser Art beanspruchen immer mehrere Weibchen.
Dies ist der Grund, warum er bei erzkatholischen Aquarianern ein meist unausgefülltes Leben fristen muß.

Aktivkohle

Entgegen weitverbreiteter Laienmeinung dient Aktivkohle nicht zum Heizen des Beckenwassers, sondern zu dessen Reinigung.

Die Bezeichnung Aktivkohle resultiert aus der schnellen Verschmutzung dieses Filtermaterials, welche den Aquarianer zwingt, ständig aktiv zu bleiben und den Filter zu säubern.

Algen

Primitive Wassergewächse, die Scheiben, Steine, Wurzeln, Pflanzen überwuchern und dadurch dem Becken einen ästhetisch wenig befriedigenden Anblick verleihen. Meist das einzige, das im Aquarium blendend gedeiht.
Die Gattung der Pinselalgen wurde bis in das späte 19. Jahrhundert zur Herstellung von Malerutensilien herangezogen.

Algenmagnet

Ein Aquarium zieht Algen magisch an. Der Algenmagnet hilft uns, sie wieder zu entfernen. Daher wirkt er auf diese sehr abstoßend. Das vom Prinzip her geniale Gerät zeichnet sich vornehmlich dadurch aus, bei der Anwendung auseinanderzufallen.

Amazonas

Eines der Hauptanbaugebiete tropischer Zierfische.

Anfängerbecken

(Von alten Hasen auch gerne „Idiotenbecken“ genannt.) Bezeichnung für ein Aquarium, das von einem Neuling eingerichtet und besetzt wurde. Im Idealfall finden sich darin nur preiswerte, dennoch äußerst robuste Fisch- und Pflanzenarten, welche die vom frischgebackenen Aquarianer gemachten Anfängerfehler (siehe dort), unter Fortunas gütiger Hilfe, imstande sind zu überleben.

Anfängerfehler

Am weitesten verbreiteter A. ist der Ankauf empfindlicher, teurer Fisch- und Pflanzenarten, was meist zum baldigen ökologischen Kollaps im Anfängerbecken (siehe dort) führt.
In der Reihenfolge der Häufigkeit aufgelistet, unterscheiden wir darüber hinaus: Überfütterung, Überbesetzung, Überfüllung, Überheizung sowie überhaupt alles, was zu gut gemeint ist.

Amazonas

Aquariengröße

Antennenwelse Haben das auf dem Kopf, was unverkabelte Aquarianer auf dem Dach haben. Wuseln die Tiere unruhig im Becken umher, ist der Empfang gestört. Wahrscheinlich wird die Spezies durch den Selektionsdruck der Evolution bald vom Parabolspiegelwels abgelöst. Liebhaber sollten sich daher rechtzeitig ein Exemplar der vorsintflutlich anmutenden Geschöpfe sichern.

Apfelschnecken Erreichen bei guter Fütterung die Größe eines Apfels, daher auch der Name. Verdirbt sich die Schnecke einmal den Magen, sprechen Aquarianer vom Speierling.

Aquarianer Mensch, der sein Leben den Tücken und Freuden der Aquaristik gewidmet hat. A. sind leicht an ihren stets von Wassereinwirkung aufgequollenen Händen zu erkennen. Betreibt der A. sein Hobby bereits über mehrere Jahre, bildet er im Regelfall Schwimmhäute aus.

Aquariengröße Diese ist abhängig von folgenden Kriterien:

a) Platzbedarf der gehaltenen Aquarienbewohner,
b) Platzbedarf der um das Aquarium beheimateten Wohnungsinhaber,
c) Belastbarkeit der Zimmerdecke,
d) Belastbarkeit des eigenen Geldbeutels.

Kompromisse lassen lediglich die Punkte b und d zu, daher sollte die Wahl der Beckengröße gut bedacht sein, um etwaige Aus- oder Einbrüche von vornherein auszuschließen.
Als Faustregel gilt:
10 DM pro Zentimeter Fisch in einem Liter Wasser bei hoher Tragfähigkeit, bzw. 10 DM Renovierungskosten pro Liter bei überschätzter Deckenbelastbarkeit.

Aquarienreinigung

Das Trauma aller Fischhalter. Steht eine Komplettreinigung an, spendieren erfahrene Aquarianer dem Ehepartner einen Wochenendausflug und schicken die Kinder zur Oma aufs Land.
Die Gründe sind leicht nachvollziehbar. Nichts ist nervtötender, als von Kopf bis Fuß durchnäßt im Becken zu hantieren und Ausführungen über den Preis einer Teppichreinigung zu hören. Verzogene Sprößlinge grapschen in Wassereimern herum und verlustieren sich mit dem Fischbesatz, intolerante Nachbarn meckern kleingeistig über ihre tropfende Zimmerdecke.
Daher schrecken viele Aquarianer vor dieser Schattenseite der Fischhaltung zurück.
Tip: Man nehme sich ein Beispiel an Sisyphos, der wahrscheinlich auch etwas Besseres vorhatte, decke sich mit Beruhigungsmitteln ein und dann nix wie rein in die Suppe!

Aquarienverein

Im A. organisieren sich Liebhaber und Opfer der Aquaristik. Dort bescheinigen sie sich Zuchterfolge und ergehen sich in für Laien völlig unverständlichem Kauderwelsch. Meist ist der A. der einzig verbliebene soziale Kontaktpunkt des Aquarianers. Deshalb gibt es in vielen der größeren A. sogenannte Selbsthilfegruppen, die ihren Mitgliedern helfen, wieder einen Weg in die Gesellschaft zu finden.

Aquaristik

Theoretisches Denkmodell, das auf der irrigen Annahme beruht, in Glaskästen funktionierende, biologische Systeme aufbauen zu können.
Da dies mehr auf Glauben denn Wissen beruht, nennen sich Verfechter dieser Denkrichtung auch Aquarienjünger.

Aquaristik

ALLES ÜBER AQUARIUM-FISCH
ZUCHTFISCHE I
ZUCHTFISCHE II
AQUARIENFISCHE
Fischzucht
Aquarien-Führer
MEERESFISCHE
SÜSSWASSERFISCHE
FISCHE DER WELT
ZIERFISCH & CO
AQUARIUMTECHNIK
WAS SCHWIMMT DENN DA?
Du und Dein Fisch
AQUARIENFISCHE
AQUARIEN
DAS GROSSE BUCH DER AQUARIENFISCHE
DAS AQUARIUM
AQUARIEN SELBST GEBAUT
ZIERFISCHE
AQUARIUMZUCHT
AQUARIUMZUCHT II
FISCHZUCHT
WISSENSWERTES ÜBER
DIE WELT DER ZIERFISCHE
DER FISCH-DAS UNBEKANNTE WESEN
DER GOLDFISCH
Der Zierfisch
Meerwasser-Fische
FISCHAUFZUCHT
FISCHE
ZIERFISCH
MEIN AQUARIUM
DER HAUSFISCH
Fischpflege
Fisch + Futter

Aquarium

Aquarium Transparente Glaskiste, in der sich Fische tummeln, Algen wachsen und so ziemlich alles anders läuft, als man es sich eigentlich vorgestellt hat.

Artenbecken In einem A. befinden sich nur Fische einer Art. Also nur blaue oder gelbe, rote, grüne und so weiter. Populär bei jung und alt sind seit jeher Artenbecken, in denen ausschließlich mehrfarbige Fische gehalten werden.

Ausläufer Geschätzt wird vom Aquarianer nur der Pflanzenausläufer. Zeugt er doch von gesundem Gedeihen seiner Wasserpflanzen. Andere Auslaufformen wie die von Becken oder Filter stellen dagegen immer ein Ärgernis dar, ja können sogar apokalyptische Ausmaße annehmen.

Ausströmerstein Aus dem A. kann man mittels einer Luftpumpe Blasen blubbern lassen. Neben der Sauerstoffanreicherung ergibt sich ein reizvoller Whirlpooleffekt, der jedoch unseren schuppigen Freunden vorbehalten bleiben sollte. Auf dem Zubehörmarkt finden wir zahlreiche Varianten von Ausströmern, so z.B. Tiefseetaucher, Schiffswracks, Muscheln und ähnlichen Nippes, der im Aquarium so viel zu suchen hat wie ein Fisch auf dem Trokkenen.

B

Bakterien Wir unterscheiden grundsätzlich nützliche und schädliche B. Gemeinsam ist beiden Arten, daß man sie mit bloßem Auge nicht sehen kann. Deswegen fallen erstere überhaupt nicht und letztere nur negativ auf. Macht das Aquarium einen schlechten Eindruck, ohne daß der Fischfreund weiß, warum, sind schädliche B. am Werk.

Bambus

Im Gegensatz zum Chinesen und dessen kulinarischen Vorlieben dient B. dem Aquarianer nicht als Speise, sondern wird von ihm zu Dekorationszwecken herangezogen. Getrocknete Stengel des Röhrengewächses geben dem Becken eine fernöstliche Note. Da B. schwimmt, sollte er vertikal im Boden verankert werden, es sei denn, der Dekorateur möchte eine Floßszene en miniature nachbilden.

Base

Anderes Wort für Lauge. Haben wir also ein basisches Aquarienwasser, hat irgendein übereifriger Ignorant die Innenseite des Beckens mit Spülwasser gesäubert, angeblich um uns zu entlasten und eine Freude zu machen.
Es gibt aber auch andere B.: z.B. die Rhein-Main Air-Base und meine Base Maria aus Altenstadt bei Ulm.

Beleuchtung

Zur B. seines Beckens verwendet der Aquarianer in der Regel Neonröhren oder Glühbirnen. Im Zeichen allgemeiner Energieeinsparung geht der Trend jedoch zum Besatz des Beckens mit Neonfischen und Glühlichtsalmlern.
Neben dem zweifelsohne vorhandenen ökologischen Aspekt spricht auch die erhebliche Reduzierung der Stromkosten für eine solche natürliche Lösung.

Beleuchtungsdauer

Ist abhängig vom Betätigen des Lichtschalters und kann daher nicht exakt definiert werden. Als Grundregel darf jedoch gelten: Die Fische stehen mit mir auf und gehen auch mit mir schlafen.

Base
NICHT BEACHTEN, ER HAT NUR WIEDER WAS AN DER WASSERQUALITÄT AUSZUSETZEN

Bratpfannenwels

Bio-Filter

Bestimmte Bakterienkulturen im Filter sorgen für eine Reinhaltung des Wassers durch Abbau organischer Substanzen. Soweit die Theorie.
In der Praxis befinden sich meist die Bakterien im Filter, die mit Wasserreinhaltung überhaupt nichts am Hut haben.
Viele arbeitsunlustige Aquarianer legitimieren ihre total verdreckten Kloakentöpfe mit dem Vorwand, einen B. zu betreiben. Erst die völlige Verstopfung des Filters läßt sie von derartigen Behauptungen Abstand nehmen.
In der Regel schafft dann der Satz „Schatz, würdest du bitte mal eben meinen Bio-Filter säubern?“ Abilfe.

Bodenfilter

Grundsätzlich gilt für den B. das gleiche wie für den Bio-Filter. Wesentlicher Unterschied ist, daß bei einem B. das ganze Bekken in Schmutz und Morast versinkt, ehe etwas passiert.
Die Reaktion des bewegungsunlustigen Aquarianers muß folglich lauten: „Schatz, würdest du bitte mal eben den Bodengrund säubern!?“

Bodenheizmatte

Eine wirklich äußerst praktische Angelegenheit.
Ähnlich einer Heizdecke wird die B. einfach unter das Becken gelegt und versorgt dieses dann mit wohliger Wärme. Trauriger Tiefpunkt im Leben eines Fischhalters ist ein Defekt der B. Um eine neue, äußerst praktische B. zu installieren, müssen Fische und Pflanzen aus dem Becken entfernt, das Wasser abgelassen und sämtliche Dekorationsgegenstände ausgeräumt werden.
Sodann hebt man das Becken an, entfernt die defekte B. und ersetzt sie einfach durch eine neue, äußerst praktische B.

Bratpfannenwels

Nicht zuletzt aufgrund ihrer praktischen Verwendbarkeit im Alltag erfreuen sich die B. großer Beliebtheit.

Der Purist zieht die Ursprungsform dem beschichteten Tier vor, welches speziell in der cholesterinarmen Küche immer mehr Anhänger findet.

Brustflossen

Befinden sich, wie der Name schon sagt, an der Brust des Fisches und dienen ihm zur Fortbewegung. Näheres regelt die Schwanzflosse, die weiter hinten angebracht ist.

Brutfürsorge

Ist je nach Fischart unterschiedlich ausgeprägt.
Manchmal kümmern sich beide Elterntiere um den Nachwuchs, in anderen Fällen nur ein Elternteil. Vielen ist der Nachwuchs vollkommen schnurz, bei anderen endet die Fürsorge da, wo der Appetit anfängt.

C

Chemie

Die Konfrontation des Aquarianers mit der Chemie kennt nur einen Sieger. Der beginnt mit einem großen „C“. Hauptsächlich hat es der Fischhalter mit mysteriösen Reagenzien zu tun, die ihm Aufschluß über Beschaffenheit und Qualität seines Aquarienwassers liefern sollen. Die im Handel befindlichen Präparate führen bei sorgfältiger Handhabung zu absoluten Ergebnissen. Das heißt, jeder Test bringt absolut andere Ergebnisse als der vorherige. Daher erfreue sich der Aquarienbesitzer an den schönen, bunten Farben der Reagenzien und vertraue Poseidons gütiger Hilfe, was die Qualität seines Wassers angeht.

Chlor

Was schon in vielen Schwimmbädern stört, hat im Aquarium überhaupt nichts zu suchen. Von der desinfizierenden Wirkung angetan, wurde schon manchem unkundigen Neuling der Aqua-

AQUARIUM-
CHEMIE
VON A-Z
Lie

Dekoration

ristik die Beigabe von C. mit dem abrupten Ableben seiner Schützlinge quittiert. Auch die Flora zieht sich meist indigniert zurück.

Cyclops Zu deutsch Bachhüpferling. Ist ein beliebtes Zierfischlebendfutter. Die Weibchen tragen Eierbeutel, welche eine Ähnlichkeit damit besitzen, woran man die Männchen erkennt; zumindest fast.

D

Dekoration Die D. eines Aquariums kann ohne Einschränkung nach dem Grundsatz „Erlaubt ist, was gefällt“ durchgeführt werden. Ob nun Girlanden an die Seitenscheiben geklebt oder Lampions über das Becken gehängt werden, bleibt völlig dem eigenen Geschmack überlassen. Es muß bei der D. jedoch sorgfältig darauf geachtet werden, daß nicht irgendwelcher Nippes in das Aquarium gerät und dadurch die Gesundheit der Beckeninsassen gefährdet wird.

Deutsche Gesamthärte Hinter diesem überzogen patriotisch klingenden Begriff verbirgt sich schlicht und einfach der Gehalt an gelösten Mineralien im Wasser. Oder, noch schlichter und einfacher gesagt, der Kalkgehalt. Je verkalkter also, desto höher die D.G. Warnung: Was für die Waschmaschine gut ist, bekommt unseren Fischen noch lange nicht. Daher nie Entkalker in das Beckenwasser geben!

Dichtemesser Wird weder zum Schneiden noch zur Überprüfung der Beckendichtigkeit benutzt.

Das Gerät gibt Auskunft über den Salzgehalt des Seewassers und ist der ebenso rustikalen wie fehlerhaften Geschmacksprobe in jedem Fall vorzuziehen.
Über einen etwaigen Alkoholisierungsgrad kann ein D. keine Auskunft geben.

Diffusor

Am Auslauf des Filters angebracht, übt ein D. mitreißende Effekte auf die Luft aus.

Dimmer

Wohlig sanften Lichterschimmer ermöglicht ein Beleuchtungsdimmer. Ist es dunkle Nacht im Zimmer, geht sicherlich der Dimmer nimmer.

Diskus

Scheibenförmiger Fisch, der genauso aussieht, wie er heißt.
Der noch heute praktizierte Diskusweitwurf geht auf die außergewöhnliche Technik von Amazonasindianern zurück, welche den Buntbarsch als kulinarische Delikatesse schätzen.
Als diese die günstigen aerodynamischen Eigenschaften der Tiere entdeckt hatten, gingen sie dazu über, die Fische direkt vom Boot aus an Land zu schleudern. Dort können sie nach Beendigung des Fanges bequem aufgelesen und sofort weiterverarbeitet werden.
Für Halter dieser wunderschönen Tiere eine geradezu blasphemische Vorstellung.

Doktorfisch

In keinem gut geführten Aquarium sollte ein D. fehlen. Man rechnet einen D. auf ca. 50 Beckeninsassen, damit auch bei eventuell auftretenden Epidemien keine längeren Wartezeiten entstehen. Die schuppigen Akademiker können ihre segensreichen Dienste allerdings nur in Seewasser verrichten.

Doktorfisch

Einsiedlerkrebs

Dreischwanzbarsche Vertreter des männlichen Geschlechts sollten gegenüber den Dreischwanzbarschen keine unnötigen Neidgefühle entwikkeln. Erstens umfaßt die Spezies nur wenige Arten, zum zweiten erreichen sie lediglich eine Gesamtlänge von maximal 40 Zentimetern.

Drückerfisch Ist nie da, wenn man ihn braucht. Ansonsten drückt er sich mehr oder weniger im Becken herum und vermittelt dem Betrachter den Eindruck angeblicher Betriebsamkeit. Drückerfischkolonnen werden im ozeanischen Raum zur Abonnentenwerbung herangezogen. Berichte über dubiose Geschäftsmethoden mehren sich.

E

Einsiedlerkrebs Krustentiere, die ein selbstgewähltes Eremitendasein in abgelegten Schneckenhäusern führen.
Im östlichen Europa soll übrigens auch ein Aussiedlerkrebs existieren. Die zukünftige Forschung wird Licht in das bisherige Dunkel bringen.

Einzeller Für E. gilt das gleiche wie für Bakterien.
Man sieht sie nicht, aber sie sind da.

Eisendüngung Pflanzen benötigen Eisen. Mit ein paar lässig im Becken versenkten Nägeln ist es allerdings nicht getan. Denn das Metall muß dem Aquarienwasser flüssig zugeführt werden. Gefahr bei falscher Anwendung!! Verbrühungen durch schlagartig entstehenden Wasserdampf beim Abkühlungsprozeß! Gebrauchsanweisung beachten!

Eiweißabschäumer

Ein Schelm, wer Schlimmes dabei denkt.
Handelt es sich doch hierbei keineswegs um ein neuartiges Produkt der Beate-Uhse-Gruppe, sondern um ein Gerät zur ökologisch unbedenklichen Gewinnung von Eierschnee.

Eiweißgehalt

Wie allgemein bekannt, ist der Eiweißgehalt von Fischen besonders hoch. Ob dies einen Aquarianer interessieren könnte, sei dahingestellt, da ihm die Fische eher zur Augen- denn zur Gaumenfreude dienen.

Elektrische Organe

Einige Fische besitzen solche „Bio-Batterien".
Als Beispiel diene hier der Zitteraal.
Die Haltung entsprechender Spezies im Aquarium ist möglich, sollte jedoch erfahrenen Elektrikern vorbehalten bleiben.

Entengrütze

Man nehme:
1 Ente, 2 Liter Bratensud, Geliermittel, Lorbeerblatt, Pfeffer, Salz.
Die Ente im Bratensud weichkochen. Anschließend das Fleisch von den Knochen lösen, wieder in den Sud geben und mit dem Geliermittel, Lorbeerblatt, Pfeffer und Salz leicht aufkochen. Portionieren und erkalten lassen.
Dazu reichen wir einen leichten Riesling.

Erdfresser

Fische, deren höchste Erfüllung darin besteht, den Beckenboden durchzukauen. Bei ihrer Tätigkeit wirbeln die Tiere jede Menge Staub auf.
Deswegen sollte der Halter dieser Fische entweder für einen leistungsstarken Filter sorgen oder den Beckenboden fliesen lassen.

Eiweißgehalt

Ernährung

Ernährung

Die E. von Zierfischen ist eigentlich einfach, wenn die Tiere mit sogenanntem Fertigfutter, also Flocken, Tabletten oder Tiefgekühltem zufriedenzustellen sind. Erhebliche Probleme erwarten den Aquarianer jedoch, wenn seine schuppigen Lieblinge auf frischer Nahrung bestehen. Packungen mit lebenden Maden oder Regenwürmern, zwecks besserer Haltbarkeit im Kühlschrank untergebracht, haben schon so manchen hysterischen Anfall provoziert, ja ganze Ehen zerrüttet.
Plant man also die Haltung von Fischen, die sich ausschließlich von Lebendfutter ernähren, ist der Ankauf eines Zweitkühlschranks zu empfehlen.

Essigwasser

Leistet nützliche Dienste bei der Entfernung von Kalkablagerungen an Aquarienscheiben oder technischem Gerät.
Für die Fischhaltung ist Essigwasser ungeeignet, da Tiere darauf äußerst sauer reagieren.

Europabecken

Hat im Zuge der weitreichenden politischen Umwälzungen der letzten Jahre eine ungeheuere Popularität gewonnen.
Durch die nun praktisch offenen Grenzen kommen immer mehr osteuropäische Fischarten auf den Zierfischmarkt, die bislang hinter dem eisernen Vorhang verschollen waren. Gerade die russischen Arten erfreuen sich aufgrund ihrer außergewöhnlichen Robustheit wachsender Beliebtheit unter puristischen Aquarianern.

F

Fachausdrücke

Erfreuen sich großer Beliebtheit bei Fischhändlern, die damit unkundige Laien der Aquaristik übertölpeln wollen. Auch in gewissen Aquarianerkreisen ist die Verwendung von F. stark verbreitet. Dabei handelt es sich jedoch meist um reines Imponiergehabe.

Fachidiot

Aquarianer, der sich lediglich noch in Fachausdrücken mitteilen kann und dadurch von keinem mehr verstanden wird.
Fachidioten haben in der Regel von nichts eine Ahnung, davon jedoch viel.

Fangglocke

Pfeifenförmiges Gerät zum Fangen empfindlicher, z.B. langflossiger Fische. Dazu wird die F. von unten an den Fisch herangeführt und anschließend mit dem Tier aus dem Becken gehoben.
Da dies ohnehin nie klappt, wird meist ein Fangnetz (siehe dort) benutzt.

Fangnetz

Mit Hilfe eines F. werden Fische aus dem Aquarium entfernt, die mit der Fangglocke nicht zu erwischen waren, sowie alle anderen, die herausgenommen werden sollen. Auch die Zuhilfenahme eines Netzes schließt nicht aus, daß der Fänger das ganze Becken ausräumen muß – also die gesamte Dekoration entfernt –, um das Beutetier im leeren Aquarium durch systematische Treibjagd bis hin zum Fangziel zu ermüden.

Felsenlandschaft

Der Aufbau einer F. im Aquarium ist unabdingbare Voraussetzung für die Haltung von Kletterfischen. Dabei sollte jedoch darauf geachtet werden, daß Steighilfen für junge, ungeübte

Fachidiot
EGON FISCHER, 65, AQUA-FACHIDIOT

Filter

Kletterfische vorhanden sind, die sich sonst rasch versteigen und nur mühsam wieder geborgen werden können.

Feuerfisch

Ein F. im Becken erspart den wesentlich kostspieligeren Einbau eines offenen Kamins, sorgt aber ebenso für anheimelnde Atmosphäre. Für den Betrieb einer Heimsauna rechnet man etwa 4 Feuerfische pro Kubikmeter Rauminhalt. Aufgüsse müssen allerdings mit Seewasser vorgenommen werden, da der Fisch in diesem heimisch ist. Ansonsten kühlt er rasch ab und verdirbt so das schweißtreibende Vergnügen.

Filter

Zahlreiche Filtertypen werden im einschlägigen Fachhandel angeboten. Ob nun Außen-, Innen- oder motorgetriebener F., für den Aquarianer gilt der Satz: „Im Becken nie ohne!"
In der aquaristischen Praxis wird lediglich zwischen zwei Grundtypen unterschieden: Dem laufenden und dem verstopften.

Filterleistung

Die Leistung eines Filters ist abhängig von seiner Größe und dem Verschmutzungsgrad. Eine bemerkenswerte F. ist es zudem, einen Außenfilter zum ersten Mal zusammenzubauen, ohne daß er bei der Inbetriebnahme ausläuft.

Filterreinigung

Ist am ehesten mit der Reinigung verstopfter Toiletten zu vergleichen und hat infolgedessen einen ähnlichen Beliebtheitsgrad.
Zu häufiger Filterwechsel wird von Psychologen als postanale Störung angesehen. Seltene F. ist hingegen untrügbares Zeichen von gewissenlosem und phlegmatischem Charakter. Günstig ist es, den Filter in etwa zweiwöchigem Abstand zu reinigen, da im Laufe der Betriebszeit die auszulöffelnde Suppe immer dicker wird.

Fische

Sollten in keinem Aquarium fehlen, da sie der Grund sind, überhaupt ein solches aufzustellen.

Fischkauf

Die unüberschaubare Vielzahl von Zierfischen macht den F. zu einem ebenso interessanten wie gefährlichen Unterfangen für den Aquarianer. Skrupellose Geschäftemacher aus der Händlerszene bedienen sich oft dubioser Verkaufsmethoden.
Folgende Punkte sollten daher bei der Anschaffung eines Fisches unbedingt bedacht werden:

a) Wie groß wird der Fisch?
b) Wie groß ist sein Appetit?
c) Wie hoch ist sein Preis?
d) Wie hoch ist mein Kontostand?
e) Paßt der Fisch zur Wohnzimmertapete?
f) Paßt er überhaupt in das Becken?
g) Grinst der Verkäufer hinter meinem Rücken?
h) Schwimmt der Fisch Kiel oben, oder steht das Becken auf dem Kopf?
i) Nur unverpackte Fische kaufen: Finger weg von Gläsern oder Dosen!

Fischmannequins

Finden sich in allen gängigen Aquarienbüchern abgebildet und lösen dadurch den trügerischen „Den will ich haben"-Effekt beim Fischfreund aus. Anders als bei Menschen sind Fischmannequins überwiegend männlichen Geschlechts und für jedermann käuflich.

Fliegende Fische

Können im Gegensatz zu ihren wassergebundenen Artgenossen in Volieren untergebracht werden und stellen somit eine Alternative zur Vogelhaltung dar, da sie weder schreien noch pfeifen oder federn.

ICH DENKE, ALSO BIN ICH
ICH RENKE, ALSO SCHWIMM ICH

Fütterung

Flossen	Finden sich vorne, hinten, oben, unten sowie seitlich am Fisch. Sie dienen ihm zur Fortbewegung und zur Prahlerei.
Flossenfäule	Flossenfäule ist für den Fisch, was für uns der Fußpilz ist, nur mit wesentlich übleren Konsequenzen.
Fütterung	Eine der wenigen Abwechslungen im Leben eines Fisches. Es ist oft erstaunlich zu beobachten, wieviel Futter in einen Fisch hineinpaßt, ohne daß er platzt.
Fütterungszeit	Wenn es nach den Fischen ginge: am besten immer.
Futterautomat	Unter Fischen verhaßt, weil er Dosis und Uhrzeit der Fütterung streng reglementiert.

G

Gastritis	a) Häufige Krankheit bei Aquarianern, denen das Hobby auf den Magen geschlagen ist. b) Griechische Bezeichnung für Kellner.
Geistermuräne	Spielt in der Aquaristik nur eine untergeordnete Rolle, da sie lediglich um Mitternacht auftaucht und sogleich wieder verschwindet. Nur wenige, exzentrische Nachtschwärmer halten sich Tiere dieser Art.
Gemeiner Igelfisch	Verfügt über ein stacheliges Schuppenkleid, mit dcm cr potentiellen Angreifern gemeine Schmerzen zufügen kann.

Geruchsorgane	Sitzen bei den Fischen in der Regel oberhalb des Maules. Was den Fischen wirklich stinkt, weiß allerdings keiner so recht.
Geschlechtsumwandlung	Wird von manchen Fischarten ab einem gewissen Alter automatisch vollzogen. Nicht zu verwechseln mit dem tuntigen Gehabe homophil veranlagter Fischmännchen, die sich gegenseitig den Hof machen, weil sich kein Weibchen im Becken befindet.
Gesellschaftsbecken	Ist ein Aquarium, das Zierfischarten aller möglichen Herkunftsländer beherbergt. Das in vielen Aquarien anzutreffende Gewimmel hat mit einem G. jedoch denkbar wenig zu tun. Alte Aquarianerhasen sprechen hier treffender von Bouillabaisse.
Glasbarsch	Durchsichtiger Barsch, der leider nur farblos vorkommt. Hält man einen Schwarm dieser praktisch unsichtbaren Art, führt das scheinbar spurlose Verschwinden von Nahrung während der Fütterung – vor den Augen des unkundigen Betrachters – immer wieder zu fassungslosem Staunen. Ansonsten ein typischer Understatementfisch.
Glasstäbchen	Larven der Büschelmücke. Sind bei den Fischen als Futter sehr beliebt. Wahrscheinlich, weil die Tiere nicht sehen können, wie eklig ihr Futter eigentlich aussieht.
Glühlichtsalmler	Ähnlich dem Neonsalmler als Notbeleuchtung bestens geeignet, falls der Strom einmal ausfallen sollte.
Goldcichlide	Bono bonum. Die oberen Zehntausend haben mit diesem afrikanischen Buntbarsch ihren standesgemäßen Fisch gefunden. Zeugt doch ein entsprechener Beckenbesatz von Wohlstand und Noblesse. Billige japanische Nachzüchtungen, die nur

Goldcichlide

Haibarbe

einen hauchdünnen Blattgoldbelag aufweisen, konnten sich erwartungsgemäß nicht durchsetzen.
So finden sich diese Blender lediglich in kitschigen Glamour- und Möchtegernbecken.

Guppy

Siehe Millionenfisch.

H

Haarwürmer

Krankheitserreger aus der Klasse der Nematoden, die unsere Fische befallen können, obwohl sie ja lediglich Schuppen tragen.

Haibarbe

Sieht zwar aus wie einer, ist aber keiner.
Zudem ist die Haibarbe lammfromm, kann also nicht als typischer Vertreter der Hai-Society angesehen werden.

Halogenlampen

Die Beleuchtung des Aquariums mit H. ist sehr kostspielig, dafür sieht man die Fische natürlich besonders gut.
Verharren die Tiere reglos im Becken – sogenannte Schreckstarre –, sollte der Aquarianer rechtzeitig abblenden, um die Tiere nicht unnötig zu belasten.

Härte

Gibt, vereinfacht ausgedrückt, den Kalkgehalt des Aquarienwassers an. Eine besondere H. ist für den Fischfreund gegeben, wenn sich trotz intensivster Pflege kein harmonisches Leben im Aquarium einstellen will.

Heizkabel

Für H. gilt im Grunde genommen das gleiche wie für Bodenheizmatten. Da sie sich jedoch unter dem Bodengrund, also im

Aquarium, befinden, müssen bei einem etwaigen Defekt des Heizkabels lediglich die Fische evakuiert, das Wasser abgelassen, Dekorationsgegenstände und Bodengrund entfernt werden. Das lästige Anheben des Beckens, wie es der Austausch einer defekten Bodenheizmatte erforderlich macht, entfällt.

Heizung

Die meisten im Aquarium gehaltenen Zierfischarten benötigen zum Gedeihen eine wohlige Wassertemperatur. Folglich muß der Aquarianer das Becken mit einer H. versehen. Der Einsatz fossiler Brennstoffe wie Kohle, Öl oder Gas ist aufgrund der besonderen Verhältnisse im Aquarium praktisch unmöglich.
Gute Dienste leisten deshalb Stabheizer nach dem Tauchsiederprinzip, wie wir sie aus der Junggesellen- und Campingküche kennen.

Hintergrunddekoration

Mit Hilfe der H. verleiht der Aquarianer dem Becken das Ambiente, welches für eine optimale Präsentation der Fische notwendig ist. Die Farbgebung der H. sollte stets von der Färbung der gehaltenen Fische abweichen, da sonst der optische Eindruck stark leidet. Auch grelle Muster gilt es zu vermeiden.

Holländisches Becken

Wie hinlänglich bekannt, ist es des Niederländers größte Freude, Pflanzen unter oder hinter Glas wachsen zu lassen. Folgerichtig handelt es sich bei einem Holländischen Becken um ein Aquarium, in dem man vor lauter Pflanzen die Fische nicht sieht, die meistens auch gar nicht drin sind.

Holz

Wird gern zur Einrichtung des Aquariums herangezogen.
Am besten haben sich hier Wurzelhölzer bewährt, von Paneel oder Preßspan sollte dagegen kein Gebrauch gemacht werden.
Auch weiche, großfaserige Holzarten sind zu meiden.
Merksatz: Hartholz gleich Gut Holz!

Heizung

Ichthyophthiriasis

Honiggurami Locken durch Hautabsonderung des beliebten Brotaufstrichs gierige Fluginsekten an, die ihnen dadurch eine leichte Beute werden.

Hummelwelse Dürfen unter keinen Umständen mit dem zuvor beschriebenen Honiggurami vergesellschaftet werden, da sie die beliebte Lekkerei ebenfalls sehr schätzen und die Guramis ständig anbetteln, ja regelrecht penetrieren.

Hydra Süßwasservariante der Seeanemonen. Die Hohltiere gelten als ausgesprochene Schädlinge. Gute Erfolge bei der Bekämpfung der Hydra erreicht man durch gezielten Einsatz von Hohlraumversiegelung.

I/J

Ichthyophthiriasis Eine der häufigsten Fischkrankheiten.
Gott sei Dank ist sie leichter zu behandeln, als auszusprechen.

Impfung Unter I. versteht der Aquarianer die Beigabe von Wasser aus einem bereits eingelaufenen Becken bei Neueinrichtung eines Aquariums. Durch die I. soll erreicht werden, daß sich möglichst rasch ein biologisches Gleichgewicht im neuen Becken bildet.
Meist bilden sich jedoch lediglich Schmier-, Braun-, Grün- oder ähnliche Algen, die sich der Fischfreund durch die Impfung eingeschleppt hat.

Ionen Je nach Stimmung positiv oder negativ geladene Teilchen, die in elektrischen Feldern wandern.

Ist-Temperatur Gibt die tatsächliche Temperatur des Beckenwassers an. Sie unterscheidet sich im Regelfall erheblich von derjenigen, welche der Aquarianer am Thermostat seiner Beckenheizung eingestellt hat.

Jod Jod finden wir:
a) im Meerwasser (Spuren),
b) in zahlreichen Meeralgen,
c) in Jod-„S11“-Körnchen,
d) im „fröhlichen Wörterbuch Aquaristik“, damit unter „J“ überhaupt etwas steht.

K

Kaltwasser Ist so kalt nun auch wieder nicht. Die meisten europäischen und nordamerikanischen Fischarten benötigen es. Zur Herstellung von K. stellen wir einfach die im Aquarium befindliche Heizung ab und üben uns ein paar Stunden in Geduld. Lohn der Mühe ist ein K., wie wir es uns nicht schöner wünschen können.

Kardinalfisch Nervt mit seiner permanenten Frömmelei die anderen Beckeninsassen und sollte daher nur mit seinesgleichen vergesellschaftet werden. Adulte Tiere bilden eine reizvoll schimmernde Gloriole aus. Hauptvorkommensgebiete des K. sind Südchina und der Vatikan.

Ist-Temperatur

Karpfenlaus

Kleines Krebstier, das sich in die Fischhaut bohrt und dort Blut saugt. Da es für Fische keine Flohhalsbänder gibt und sich die Tiere nicht kratzen können, sollte der Aquarianer seinen schuppigen Lieblingen helfend zur Seite stehen und bei einem etwaigen Befall das Kratzen für sie übernehmen.

Katastrophen

Sind in der Aquaristik an der Tagesordnung.
– Wir unterscheiden leichte Katastrophen wie:
a) überschwemmte Wohnung durch Beckenbruch,
b) Kündigung des Mietvertrages aufgrund permanent tropfender Zimmerdecke.
– Mittlere Katastrophen wie:
a) Ehepartner, die auf der Haltung von Guppys bestehen, „weil die so schön bunt sind".
b) Zuchterfolge des Lieblingsfeindes aus dem Aquarienverein.
– Schwere Katastrophen wie:
a) der alljährliche, 6wöchige Urlaub unseres Aquarienhändlers,
b) Fragen nach dem Kosten-Nutzen-Effekt der Aquaristik.

Kegelschnecke

Weichtier, das sich oft zu Gruppen, sogenannten Kegelvereinen, zusammenschließt. Im Gegensatz zum europäischen Raum spielen Kegelschnecken in Nordamerika nur eine untergeordnete Rolle. Populär ist dort bei Alt und Jung eine wesentlich größere Abart, die Bowlingschnecke.

Kies

Ist das am weitesten verbreitete Bodenmaterial in der Aquaristik. Zur Ausstattung eines großen Beckens benötigt der Aquarianer jede Menge K. Die Kiesmenge steht dabei in einem gleichproportionalen Verhältnis zum notwendigen Einsatz an Bargeld.
Eine weitere interessante Parallele besteht zwischen schmutzi-

gem K. und schmutzigem Geld. Beides muß gewaschen werden, bevor es Verwendung finden kann.

Kletterfische

Die Alpinisten unter den Aquarienfischen, die ihrer Passion ausschließlich im „Free-Climbing"-Stil nachgehen.
Reinhold Messner berichtet von einer Kletterfisch-Gruppe, die er in 5000 Meter Höhe im Je-Thí-Gebirge beobachtet haben will.
Trotz erheblicher Skepsis unter professionellen Aquaristen darf die Aussage als Indiz der außergewöhnlichen, bergsteigerischen Fähigkeiten der genannten Tiere gewertet werden.

Kofferfische

Der standesbewußte Aquarianer zieht den K. jeder handelsüblichen Reisetasche vor. Da der K., je nach Platzbedarf, verschieden groß aufgeblasen werden kann, entfällt obendrein die Anschaffung eines teuren Reisesets.

Kohlensäure

Ist für gesundes Pflanzenwachstum unerläßlich.
Zudem bewirkt sie ein leichtes Moussieren des Beckenwassers und erhöht dadurch die Laichbereitschaft. Wer jemals zu zweit in einem Whirl-Pool saß, wird dies sicher bestätigen können.

Kohlensäure-Düngung

Nichts leichter als das.
Einfach ein paar Flaschen Mineralwasser in das Becken kippen – und fertig. Zu besonderen Anlässen darf es gerne auch einmal Perrier sein.

Krebse

Werden in einschlägigen Aquarianerkreisen auch als Raubritter bezeichnet, da sie wie diese allerlei Unheil anrichten und selbst vor heimtückischem Mord nicht zurückschrecken.
Viele sehen die gepanzerten Tiere deshalb lieber auf dem Teller als im Aquarium.

Kofferfische

Kugelfische

Kugelfische

Werden von anderen Bewohnern des Aquariums oft zu Spaß und Spiel mißbraucht. Ihre dadurch entstandenen Aggressionen lassen die K. gerne an den wehrlosen und eher pazifistisch eingestellten Schnecken aus, die sie mit Hilfe ihres kräftigen Gebisses knacken und anschließend kurzerhand aussaugen.

Küssender Gurami

Hält man zwei Fische dieser Art, haben die Tiere den ganzen Tag nichts Besseres zu tun, als knutschend im Becken herumzupaddeln.
Dies wirkt anfangs noch recht possierlich, auf die Dauer aber eher abstoßend. Selbstverständlich haben K.G. in Becken von Kindern überhaupt nichts zu suchen. Dem Anblick solchen Treibens dauerhaft ausgesetzt, sind schwerwiegende Folgen in der späteren Entwicklung der Heranwachsenden sonst nicht auszuschließen.

L

Labyrinthfische

Erhielten den Namen aufgrund ihres Labyrinthorgans, das ihnen ermöglicht, atmosphärische Luft zu atmen.
Da sich gerade Jungtiere immer wieder darin verirren, muß der Pfleger diesem Umstand besondere Aufmerksamkeit widmen und im Aufzuchtbecken auf komplizierte Wegführungen verzichten.
Dressierte, adulte Tiere sind jedoch zu unglaublichen Leistungen fähig –, ja selbst Spiegelkabinette werden mühelos gemeistert.

Laich

Nennt man die Eier der Fische. Sie unterscheiden sich lediglich in Größe und Farbgebung, ansonsten gilt der Satz: „Als Laich ist jeder gleich!“

Die Eier des Störs haben dagegen kulinarische Berühmtheit erlangt. Zur besseren Unterscheidung nennt man sie deshalb Kaviar.

Laichbereitschaft

Signalisiert der weibliche Fisch durch hingebungsvolles Herumschwimmen vor dem männlichen Tier, mit der Aufforderung endlich zur Sache zu kommen.

Langsamfilter

Ein Filter, der langsam läuft. Das macht zwar jeder Filter früher oder später, wenn der Fischfreund ihn nicht reinigt, aber beim L. ist dies so gewollt. Der Grund liegt auf der Hand, der Filter muß weniger oft gesäubert werden.

Lavagestein

Wird von Vulkanen ausgestoßen, wenn sie eruptieren.
Zu Dekorationszwecken schätzt der Aquarianer den handwarmen Stein, wie er im gut geführten Fachhandel erhältlich ist.

Lebende Steine

Etwas irreführende Bezeichnung für Sedimentgestein, das mit festgewachsenen Korallentrümmern, abgestorbenen Schneckenhäusern, alten Muschelschalen und ausgedienten Kalkröhren überwuchert ist. Die Steine sind Lebensraum von allerlei Kleinzeug, daher die Namensgebung. Sie kosten beim Händler ein Schweinegeld, weswegen der kostenbewußte Aquarianer besser auf „ehemals lebende Steine“ zurückgreift.

Lebendfutter

Die mit der Haltung und Verfütterung von Lebendfutter einhergehenden Probleme wurden bereits unter dem Begriff „Ernährung“ kurz abgehandelt. Ungerechtfertigte Gefühlsduselei sowie ästhetische Gesichtspunkte sollten beim Thema Lebendfutter keine Rolle spielen. Wer es dennoch nicht fertig bringt, Regenwürmer oder Maden zu verfüttern, sollte lediglich vegetarisch lebende Fische halten.

Lebendfutter

Lebensraum

Lebensraum Um im Aquarium einen möglichst naturnahen L. für die Fische herzustellen, ist eine gewisse Mindestgröße des Beckens notwendig. Der Aquarianer steht hier vor dem Konflikt, wieviel L. er seinen Fischen zubilligt, ohne seinen eigenen rigoros zu minimalisieren. Zwischen den in der Wohnung befindlichen Aquarien sollte auf jeden Fall genügend Raum verbleiben, um zu Fütterungs- und Reinigungszwecken an die Becken gelangen zu können.

Einen Schlafplatz mußt der Aquarianer nicht freihalten, da er wegen dem Geblubber und Geplansche ohnehin kein Auge schließen kann und besser in einem Hotel nächtigt.

Leuchtstoffröhren Werden vom Aquarianer zur Beleuchtung seines Beckens benutzt.

Nach längerer Betriebszeit beginnen L. damit, ein leichtes Brummen zu erzeugen. Spätestens dann müssen die Röhren ausgewechselt werden, da sich das Brummen sonst bis zu einem infernalischen „Leuchtstoffröhren" steigern kann.

Lippfische Verdanken ihren Namen den wulstigen Lippen, wie wir sie ansonsten nur von karikierenden Darstellungen dunkelhäutiger Menschen oder von Yassir Arafat gewohnt sind. Sie machen immer einen recht schmollenden Eindruck.

Lux Ist die Meßeinheit für Lichtmenge und nicht etwa eine Badeseife für Aquarienfische. Am meisten Lux hat man oben im Aquarium, am wenigsten nachts. Freilebende Luxe sind selten geworden, ab und zu sieht man welche im Zoo.

Luxus Übertrieben hohe Lichtmenge im Aquarium.

M

Männchen

Ist die Bezeichnung für männliche Fische. Angesichts der hohen Nachkommenzahl, die diese zu zeugen in der Lage sind, sowie ihrer häufigen Bereitschaft, dieses auch zu tun, sollte der Begriff einmal überdacht werden.
Männchen machen übrigens auch Aquarianer, wenn sie ihrem Händler einen überaus seltenen Wildfang abschwätzen wollen.

Marmor

Findet in der Aquaristik als Dekorations- und Baumaterial Verwendung. Finanziell gut gestellte Aquarianer bevorzugen den recht kostspieligen M., da sie damit eindrucksvoll unterstreichen können, wie steinreich sie sind.

Maulbrüter

Bei M. findet die Befruchtung der Eier und die Aufzucht der Jungen im Maul statt. Das kann man sich eigentlich kaum vorstellen. Ist die Anzahl der Nachkommen sehr hoch, nehmen die Elterntiere das Maul zu voll, was zu schweren Phobien und Traumata der Neugeborenen führen kann. In einem solchen Fall muß der verantwortungsvolle Aquarianer selbstlose Hilfe leisten. Die Tragezeit beträgt 2–4 Wochen.

Maulsperre

Tritt bei Fischen auf, die sich beim Fressen eines Futterstückes maßlos übernommen haben.
Bei Maulbrütern ist die M. eine erzieherische Maßnahme gegenüber ihren Kindern, wenn sich diese als flegelhaft und ungehorsam erwiesen haben.
Beim Aquarianer kann es zur M. kommen, wenn er zu lange mit vor Staunen offenem Mund ein bildhübsches Schauaquarium betrachtet oder von aquaristischen Erfolgen anderer Fischfreunde hört.

Maulbrüter

Messerfisch

Membranluftpumpe

Sind normalen Luftpumpen für den Betrieb von Filtern oder Ausströmersteinen vorzuziehen, da die ständige Schufterei beim Aquarianer sehr rasch einen pumpbedingten Tennisarm hervorruft.

Nachteil vieler Membranluftpumpen ist jedoch ihr permanentes Brummen, das zwar nach kurzer Gewöhnungszeit vom Aquarianer nur noch unterschwellig wahrgenommen wird, oft jedoch Ursache für unerklärbares Schädelbrummen desselben ist. Herz der M. ist eine Membran. Ist diese kaputt, geht überhaupt nichts mehr.

Daher auch der Satz: „Wenn's Pumperl brummt, is' Membranerl g'sund!"

Messerfisch

Wir unterscheiden stumpfe und scharfe Messerfische. Beim Hantieren in einem mit Messerfischen besetzten Becken ist allergrößte Vorsicht geboten, da eine immense Gefahr von Schnittverletzungen besteht. Die Tiere können nur mit Glasfangglocken gefangen werden, da Netze ihrer Schneidfähigkeit zum Opfer fallen.

Meßreagenzien

Alchimistische Gebräue, die dem Nachweis wassergelöster Inhaltsstoffe des Beckenwassers dienen. Sind bei Aquarianern sehr beliebt, da sie ihrem Hobby einen wissenschaftlich-professionellen Touch geben. Vielen Aquarianern, denen man im jugendlichen Alter aus Sicherheitsgründen einen Chemiebaukasten verwehrt hat, können mit Hilfe von M. ungestillte Sehnsüchte und Bedürfnisse aus früher Kinderzeit nachholen. Sie haben somit auch einen pädagogischen Charakter.

Metall-Panzerwels

Geharnischte Bodenbewohner, die aufgrund der oxidierenden Eigenschaften ihres Lebenselements dann und wann entrostet werden müssen.

Um ihren hübschen Metallic-Lack-Effekt nicht zu zerstören, sollte der Aquarianer auf Schutzanstriche mit z.B. Bleimennige verzichten und, wenn notwendig, lieber eine Drahtbürste benutzen.

Millionenfisch

Ist auch unter der Bezeichnung Guppy im Zierfischhandel. Millionenfische sorgen aufgrund ihres unstillbaren Fortpflanzungstriebes für riesige Mengen an Nachwuchs. Rasch wird mit der steigenden Fischzahl das zugewiesene Becken zu klein, was zu Millionenumsätzen im Aquarienhandel führt.
Wenige verkaufte Exemplare sichern eine ständige und sprunghafte Nachfrage nach immer mehr und größeren Aquarien. Dies erklärt, warum dieser Fisch in keinem Zoofachgeschäft fehlt.

Moderlieschen

a) Kleiner, unscheinbarer Fisch, der selbst in moderigen Tümpeln sein Auskommen findet.
b) Abfällige Bezeichnung für eine ungepflegte Aquarianergattin.

Mördermuschel

Wird so genannt, da sie bei Berührung ihre beiden Schalenhälften rücksichtslos zusammenklappt, ohne darauf zu achten, ob sich etwas dazwischen befindet. In freier Natur kann das für Taucher sehr unangenehm werden, da die Mollusken beachtliche Ausmaße erreichen können.
Im Aquarium wird solches Verhalten dagegen eher für die Muschel unangenehm, da sie nach einem so gearteten Fehltritt mit Sicherheit aus dem Becken fliegt.

Mulm

Sammelt sich an den stillen Örtchen des Beckens an und kann von dort nur mechanisch entfernt werden.

Millionenfisch

Nahrungskette

Mutterfamilie

Form der Brutpflege, bei der sich ausschließlich die Mutter um Aufwuchs und Erziehung der Nachkommenschaft kümmert.
Die Folge ist eine starke Mutterbindung der Jungtiere, die ihrer Pflegerin selbst noch in reiferem Alter an der Schürze hängen. Schlimmstenfalls bilden in Mutterfamilien großgewordene Tiere einen ödipalen Komplex aus.

N

Nahrungskette

In der Natur besteht die N. aus zahlreichen, ineinander verwobenen Einzelgliedern, die in einem komplexen Wirkungszusammenhang stehen. Die Reihenfolge bestimmt in der Regel die Größe.
In der Aquaristik ist die Anzahl der Glieder jedoch erheblich reduziert. Wir haben es lediglich noch mit drei verschiedenen Grundstufen zu tun:
- dem Aquarienhändler, der das Futter verkauft,
- dem Aquarianer, der es verfüttert,
- und schließlich den Fischen, die es zu sich nehmen.

Neonfisch

Attraktiver, kleiner Schwarmfisch, der obendrein die Beleuchtung entbehrlich macht. Bekommt der Fisch weiße Punkte, spricht man von der Neonfischkrankheit. Dann müssen die Röhren gewechselt werden.

Niedere Tiere

Bezeichnung für praktisch alle Tiere im Aquarium, die keine Gräten haben, Knochenfische einmal ausgenommen.
Niedere Tiere müssen mit dem auskommen, was die Fische für sie übrig lassen.

Nomenklatur

Ständig wechselnde Bezeichnungen für die doch immer gleichen Fische sind typisch für sie. Kaum haben wir einen der ohnehin schwer zugänglichen lateinischen Fischnamen auszusprechen gelernt, kommt irgendein Systematiker auf die Idee, selbige Art fortan einer anderen Gattung zuzuschreiben. Folglich heißt der Fisch jetzt völlig anders, und wir haben uns umsonst angestrengt. Kein Wunder also, daß die N. für den Aquarianer ein rotes Tuch darstellt.

O

Osmose

Wir sprechen von O., wenn sich zwei Flüssigkeiten mischen, die eigentlich voneinander getrennt sind. Das hat etwas mit dem Konzentrationsgefälle zu tun.
Liegt beim Aquarianer ein hohes Konzentrationsgefälle vor, kann es schon mal passieren, daß ihm Flüssigkeiten ins Aquarium geraten, die da eigentlich gar nicht rein sollten. Beispiele hierfür sind Spülwasser und Scheibenreiniger.
Auch im Laufe langandauernder Partynächte kommt es immer wieder zur O., z.B. wenn angetrunkene Zecher ihre halbvollen Cocktailgläser in das Aquarium schütten.

Osmotischer Druck

Das unstillbare Verlangen angetrunkener Zecher, im Laufe einer lang andauernden Partynacht halbvolle Cocktailgläser in das Aquarium zu schütten.

Ozonreaktor

Der technophile Enthusiast wird dieses Gerät schon deshalb seinem Technikpark einverleiben, weil damit die Kumpels vom Aquarienverein so schön neidisch zu machen sind. Die einen halten den O. für sinnvoll, die anderen für pure Schaumschlägerei.

Osmose

UNSERE GÄSTE HÄTTEN GERN NOCH WAS VON DER KÖSTLICHEN FISCHSUPPE

Paradiesfisch

P

Panzerwelse

Die Panzer der Welse dienen ausschließlich passiven Zwecken und lassen nicht auf kriegerische Interessen schließen. So haben P. noch nicht einmal ein Rohr. Wer die genannten Tiere im Aquarium halten möchte, muß auf einen stabilen Unterbau des Beckens achten, da P. aufgrund ihrer massiven Armierung ein sehr hohes Gewicht erreichen können.

Paradiesfisch

Ist trotz seines Namens auf der Erde zu Hause. Der Fisch teilt dieses Schicksal mit allen anderen Lebewesen, da in grauer Vorzeit mal jemand in einen Apfel gebissen hat.

Permanente Härte

Erinnert uns ständig daran, wie hart das Leben eines Aquarianers sein kann.

Pflanzen

Meist gedeihen in Aquarien nur niedere Pflanzenarten prächtig. Dabei handelt es sich um sogenannte Algen.
Der Vorteil der im Aquarium zum Einsatz kommenden Unterwasserpflanzen besteht darin, daß sie nicht gegossen werden müssen.

Pflanzenteilung

Wird vorgenommen, um Aquarienpflanzen zu vermehren.
Oftmals kann sich der Aquarianer diese Mühe sparen, da viele Fische – vor allem Barscharten – diese Arbeit für ihn übernehmen und die Pflanzen gründlicher zerteilen, als es ihm selbst möglich wäre.

---

pH-Wert

Gibt an, ob das Wasser sauer oder alkalisch ist.
Kann es sich nicht recht entscheiden, spricht man von einem neutralen pH-Wert.

Pilze

Können durch Lebendfutter oder neu gekaufte Fische in das Aquarium eingeschleppt werden. Sie überziehen dann sehr rasch das Becken mit ihren widerlichen Schleimfäden und verleihen ihm einen abstoßenden Eindruck. Erkennt der Aquarianer einen Pilzbefall, muß er daher unverzüglich in die Schwammerl gehen und die Plagegeister entfernen. Versäumt er dies, verwandelt sich sein Beckenwasser innerhalb kürzester Zeit in eine Pilzcremesuppe von ungeheuerlichen Ausmaßen.

Piranha

Alt und Jung als hemmungsloser Raubfisch aus den Tarzan-Filmen geläufig. Aquarienhaltung ist möglich, verleiht dem Pfleger jedoch ein äußerst dubioses Image, vergleichbar dem eines Kampfhundebesitzers.

Die Tiere verzehren praktisch alles Organische und machen somit auch vor dem Arm des Aquarianers nicht halt, den dieser zwecks Korrektur der Innendekoration eben mal in das Becken getaucht hat. Vorsicht ist also angebracht! Daher kein Fisch für zerstreute oder manisch-depressive Aquarianertypen.

Posthornschnecke

Sie sieht nicht nur so aus wie das Symbol der Deutschen Bundespost, sondern bedient sich auch der gleichen Geschwindigkeit wie diese.

Piranha

ICH EMPFEHLE IHNEN DRINGEND EINE GLASBRUCH-, WASSERSCHADENS- UND HAFTPFLICHT-VERSICHERUNG
PARAT-VERSICHERUNGS-AG

Revierbildung

Q

Qual der Wahl

Hat jeder Aquarianer beim Fischkauf durchzustehen. Da diese ungemein an den Nerven zerrt, sollte der Aquarianer vor Besuch des Zoogeschäftes ausreichende Mengen Baldrian zu sich nehmen.
Eine nette Geste ist es überdies, dem Händler vom bevorstehenden Eintreffen in Kenntnis zu setzen, damit auch dieser entsprechende Vorkehrungen treffen kann.

R

Reservebecken

Sollte zur Grundausstattung eines Aquarianers gehören wie das Reserverad zum Auto. Denn auch wenn die heute im Handel befindlichen Becken in der Regel eine gute Haltbarkeit aufweisen, kommt es doch öfter anders und zweitens, als man denkt.

Revierbildung

Man spricht von R., wenn Fische Gebiete eines Beckens besetzen und zu ihrem Privatgrundstück erklären. Dieses wird dann vehement gegen etwaige Eindringlinge verteidigt. Manche Fischarten begnügen sich mit einem bestimmten Areal, andere leiden unter Größenwahn und beanspruchen das ganze Aquarium.

Rochen

Flache Bodenfische, die eigentlich nur öde auf dem Boden herumliegen. Eine Ausnahme bildet hier lediglich der Manta, der großen Gefallen an Wettschwimmen mit anderen Beckenbewohnern findet und deswegen meist tiefergelegt ist. Mantas sind zudem leicht an ihren überbreiten Flossen und dem Frontspoiler zu erkennen. Das Paarungsspiel der Rochen zieht sich über viele Stunden hin und wird als „röcheln" bezeichnet.

Rohrbürste

Dient dem Aquarianer zur Rohr- oder Schlauchpflege. Zwecks dessen wird die Bürste in das verschmutzte Rohr eingeführt und so lange hin und her bewegt, bis jenes sauber ist. Bürstengröße und Rohrdurchmesser müssen dabei in einem geeigneten Verhältnis zueinander stehen, da sonst entweder die Bürsterei uneffektiv ist oder das Gerät im Rohr stecken bleibt und nur sehr schwer wieder entfernt werden kann.

Roter Oskar

Bulliger Vertreter der Buntbarsche, dessen Sozialverhalten sich darauf beschränkt, daß sämtliche Mitbewohner des Beckens nach und nach seiner immensen Freßgier zum Opfer fallen.

Rost-Panzerwels

Wie bereits unter Metall-Panzerwels aufgeführt, benötigen Tiere dieser Gattung eine ganz besondere Pflege.
Läßt man ihnen diese nicht angedeihen, bekommen die Tiere anfangs einzelne Roststellen, welche sich flächig auswachsen und im Endstadium das ganze Tier überziehen, bis es schließlich auseinanderfällt. Stark eisenhaltiges Wasser beschleunigt durch sogenannten Schwimmrost die Oxidationsgeschwindigkeit erheblich. Steht dem Aquarianer lediglich solches Wasser zur Verfügung, sollte er etwas Rostumwandler beimengen.

Rückschlagventil

Rückschläge sind in der Aquaristik nicht gerade selten.
Der Fischfreund sollte seinen Frust oder durch Rückschläge entstandene Aggressionen jedoch nicht in sich hineinfressen, sondern ihnen ein Ventil verschaffen. Schmusedecken oder Beißhölzer leisten hierbei gute Dienste. Auch eine Flasche Cognac hilft meist, den ersten Schock zu überwinden.

Roter Oskar

Schläuche

S

Samenvermehrung

Will der Aquarianer eine quantitative Steigerung der Fortpflanzungsrate erreichen, muß er gewissermaßen die Sache an der Wurzel packen.
Um bei Fischen oder Pflanzen die dafür notwendige S. zu bewirken, mischt man einfach eine ausreichende Menge sogenannter Liebestropfen in das Aquarienwasser. Entsprechende Präparate sind unter Namen wie „Bullpower" oder „Everlast" im Handel erhältlich. Auch aufgeschwemmtes Nashornpulver soll gute Dienste leisten.

Scheibenwürmer

Glitschen diese ekligen Plagegeister auf den Scheiben des Beckens herum, ist im Aquarium der Wurm drin. Am besten bekämpft man sie mit einem Scheibenwischer.

Schiefer

Steinmaterial, mit dem reizvolle Unterwasserlandschaften gebaut werden können. Ungeeignet für das Aquarium ist der sogenannte Ölschiefer, da er häßliche Fettaugen auf der Wasseroberfläche verursacht. Weiter unterscheiden wir Felsschiefer, Taunusschiefer und Schiefer Turm von Pisa, der jedoch nur in Italien vorkommt.

Schläuche

Stetiger Gefahrenherd in der Aquaristik, da sie sich mit Vorliebe von ihren Halterungen lösen und dadurch Überschwemmungen provozieren.

Schlußlichtsalmler

Schwimmt immer am Ende eines Fischschwarms. Um den Schwarm auch nachts gegen Aufschwimmunfälle absichern zu können, verfügt der S. über ein rotes Warnlämpchen am Hinterteil.

Schnecken

Man kennt gute und schlechte S.
Gute S. ernähren sich von Algen und Futterresten, schlechte vergreifen sich an Wasserpflanzen. Die Unterscheidung beider Arten kann daher auch vom Laien leicht vorgenommen werden.
Alle S. sind sowohl männlich wie weiblich, haben aber nichts davon.

Schnecken-bekämpfungsmittel

Das wirksamste und effektivste S. ist der Aquarianer. Selbst ungeübte Jäger sind in der Lage, die von Natur aus eher trägen Tiere im Becken zu erbeuten.
Vom Einsatz chemischer Präparate ist abzusehen, da sie entweder
- alles höhere Leben im Aquarium ausradieren, ob Schnecke oder nicht,
- oder vollkommen nutz- und wirkungslos verpuffen.

Schuppen

Natürliche Kleidung der Fische. Ihr Vorkommen ist nicht wie bei Menschen auf Kopf, Nacken und Jackett beschränkt, sondern sie finden sich am ganzen Körper der Tiere. Das ist auch gut so, sonst wären die Fische nämlich nackt.
Folgender Vierzeiler ist unter Aquarianern sehr beliebt und sei deshalb dem geneigten Leser nicht vorenthalten:

Neulich fiel mir, ach wie dumm,
Haarshampoo ins Aquarium,
die Fische, die dort schwammen in Gruppen,
haben nunmehr keine Schuppen.

Schuppenformen

Abhängig von ihrem Aussehen, dem Vorkommen oder der Verwendungsart, unterscheiden wir zwischen Schmelzschuppen, Rundschuppen, Kammschuppen sowie Geräteschuppen.

Schuppen

WAS EIN RICHTIGER ZIERFISCH IST, DER PFLEGT SEINE SCHUPPEN MIT EINER SAUERSTOFF-DUSCHE

Seewasseraquaristik

Schwanzflosse	Schließt den Fisch am hinteren Ende ab. Ihr Vorkommen ist nicht auf die männlichen Tiere beschränkt, wie unverbesserliche Chauvinisten vielleicht denken könnten.
Schwertträger	Bringen ihre Jungen lebend zur Welt. Nur das Männchen trägt die namengebende Blankwaffe, und zwar am Hinterteil. Weibliche Tiere bilden diese im hohen Alter zuweilen auch aus. Dies führt dann oft zu erheblichen Irritationen, da die neugewonnene Männlichkeit rein optischer Natur ist und mehr verspricht, als sie halten kann.
Schwimmblase	Schwimmhilfe für Fische, die ohne sie mehr oder weniger absaufen. Fische, die keine haben, müssen ihr Leben auf dem Boden fristen, da sie nur unter großen Anstrengungen den Hintern hochkriegen.
Seewasser	Lebensraum der marinen Wasserbewohner. Ist vom Süßwasser durch seinen wenig attraktiven Geschmack zu unterscheiden.
Seewasseraquaristik	Sollte nur von geübten und erfahrenen Aquarianern betrieben werden, da sie hohen technischen Aufwand erforderlich macht. Außerdem sind die in der Aquaristik unvermeidbaren Wasserschäden aufgrund des Salzgehaltes von Meerwasser wesentlich folgenschwerer.
Shrimps	Meist in handlichen Blöcken tiefgefrorenes Fischfutter. Unsere Pfleglinge bevorzugen die Shrimps roh, auf raffinierte Arrangements des Aquarianers mit Südfrüchten, Saucen und Papierschirmchen sollte deshalb bewußt verzichtet werden.

Sicherheitsloch

Sollte vom Aquarianer in das Ansaugrohr seines Außenfilters gebohrt werden, da dieses ihm sonst mit Sicherheit das Becken leerpumpt.

Staubfutter

Feinstes Trockenfutter, das zur Aufzucht frischgeschlüpfter Fischkinder dient. Es ist bei ihnen ähnlich beliebt wie die gängigen Fertigprodukte bei Säuglingen und wird daher meist nach kurzem Kauen wieder ausgespuckt.

Strom

Jeder weiß, daß Strom und Wasser möglichst weit voneinander getrennt sein sollten, da die Verbindung derselben immer zu katastrophalen Ergebnissen führt. Die Aquaristik führt diese Regel jedoch ad absurdum und sorgt für ein geradezu intimes Verhältnis von Elektrizität und nassem Element. Häufigste Folgeschäden dieser unglückseligen Verbindung sind vom Blitzschlag dahingeraffter Fischbesatz, schmorende Leitungen sowie zappelnde Aquarianer. Höchste Vorsicht ist also geboten!

Sumpfaquarium

Ist die gewollte aquaristische Nachbildung eines Sumpfbiotops. Sollte nicht verwechselt werden mit einem vernachlässigten Becken, das nach Aufgabe des aquaristischen Hobbys noch Monate vor sich hinblubbert und dabei immer mehr versumpft.

T

Thermometer

Unerläßliches Hilfsmittel zur Feststellung der Wassertemperatur. Verbleibt, anders als das Fieberthermometer, die ganze Zeit dort, wo man es mal hingesteckt hat, da der Wärmegrad des Wassers ohnehin ständig kontrolliert werden muß.

Sumpfaquarium

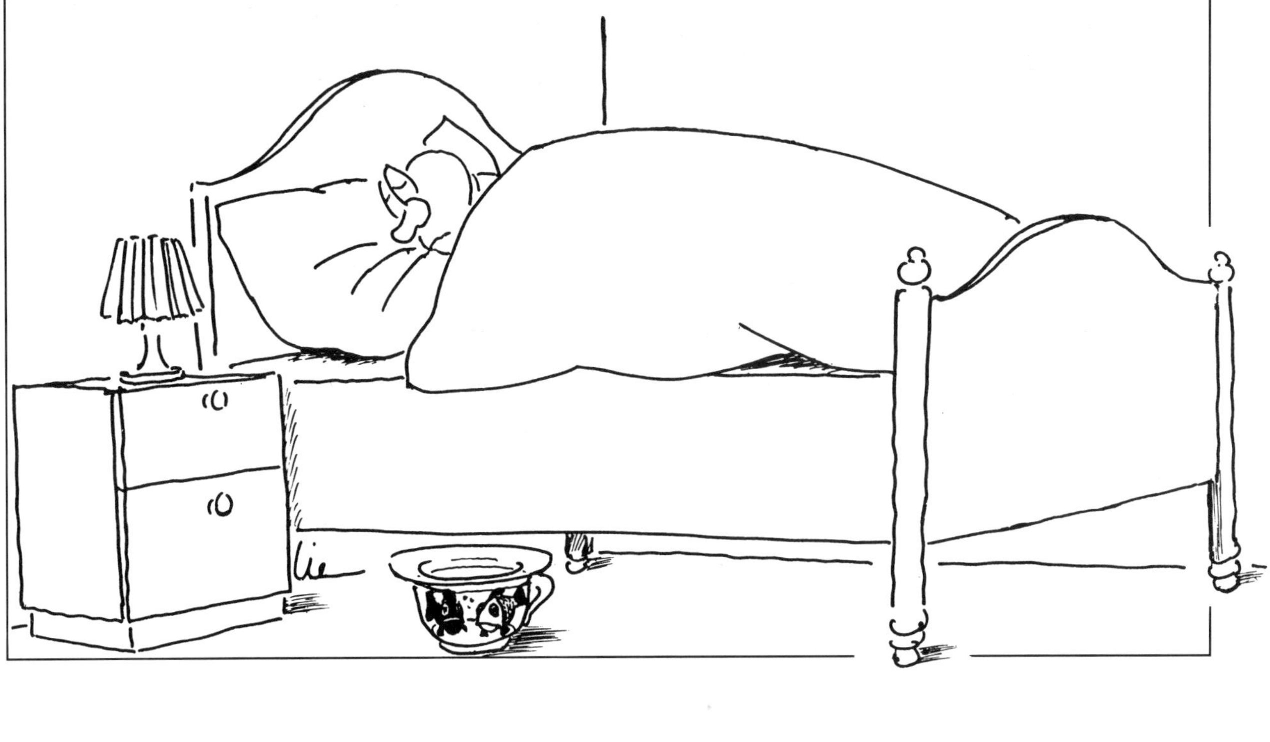

Tintenfisch

Tintenfisch

Ist vielen lediglich in Form panierter Ringe bekannt, die eine ähnliche Konsistenz aufweisen wie 12 Wochen alter Kaugummi. Der Tintenfisch ist gar kein Fisch, sondern ein Vertreter der Weichtiere. Will man ein Exemplar im Aquarium halten, ist die stetige Verfügbarkeit von Fleckenwasser anzuraten, da die Tiere ab und zu mit Tinte spritzen. Das Geschlechtsorgan der Tintenfische befindet sich übrigens an einem ihrer acht Arme, weshalb das bloße Antätscheln des Partners unter den Tieren schon als anrüchig gilt.

Torf

Findet in der Aquaristik als Filtermaterial Verwendung.
T. bedingt, daß das Wasser sauer wird und somit die Fische lustig. Die bei Torffilterung auftretende Braunfärbung des Wassers nimmt der Aquarianer deshalb gerne in Kauf. Kommt im Becken keine richtige Stimmung mehr auf, ist der T. verbraucht und muß ausgewechselt werden.

Trockenfutter

Der Begriff T. ist an sich irreführend, da das Futter beim Einbringen, also noch vor dem Fressen, naß wird.
Die Bezeichung wurde daher in Flockenfutter geändert.

„Tümpler“

Insiderbezeichnung für Aquarianer, die in Tümpeln nach Lebendfutter suchen. Entsprechend ihrer Fangquote werden Schlecht- von Guttümplern unterschieden. Für die beste Fangleistung winkt beim alljährlichen Wettümpeln der organisierten Tümpler als erster Preis der begehrte Guttümplerorden.

Türkensalmler

Die Namensgebung hat der Fisch seinem Schnauzbart zu verdanken, den er allerdings nicht im Gesicht, sondern auf der Schwanzflosse trägt.

U

UFO

Abkürzung für „Unbekanntes Fisch-Objekt“, das sich trotz intensiver Recherche des Aquarianers in keinem Fachbuch finden läßt und somit nicht eindeutig zugeordnet werden kann.

Unterwasserbanane

Trägt ihren Namen zu Recht, da an ihrer Unterseite kleine Bananen wachsen. Die Pflanze wurzelt nicht im Bodengrund, sondern treibt sich statt dessen überall im Becken herum. Die daher an jeder Ecke herumliegenden Bananenschalen sollten vom Aquarianer stets sorgsam eingesammelt werden, weil bodenbewohnende Fischarten sonst rasch ausrutschen können und sich dabei womöglich die Gräten brechen.

Urlaub

Dient der Erholung des Aquarianers und ist für die Fische ebenfalls die schönste Zeit des Jahres, weil keiner in ihrer Behausung herumwühlt und Streß produziert. Daher stellt sich in Abwesenheit des Fischhalters auch oft von ihm sehnlichst erwarteter Nachwuchs ein, den dieser sich bei seiner Rückkehr natürlich überhaupt nicht erklären kann.

UV-Strahler

Werden oft von unzufriedenen Aquarianern gekauft, die hoffen, damit ihren blassen Fischen etwas mehr Farbe verleihen zu können. Bei einem U. handelt es sich jedoch nicht um ein Solarium für Fische, sondern um ein Gerät, mit dessen Hilfe bakterielle Verunreinigungen des Beckenwassers bekämpft werden können.

Urlaub

Vermehrungsformen

V

Vaterfamilie

Aufgrund der auch in Fischkreisen immer mehr um sich greifenden Emanzipationsbewegung versuchen sich viele Fischmännchen als alleinerziehende Väter. Dies ist allerdings nur möglich, weil Fische keine Säugetiere sind.

Vermehrungsformen

Auf die Vermehrungsformen näher einzugehen, verbietet eigentlich der Anstand sowie die Rücksicht auf das Intimleben der Fische.

Weil es aber aus gewissen – natürlich rein naturwissenschaftlichen! – Gründen opportun erscheint, seien ein paar Techniken angeführt:

a) *Die Mundhöhlenschwangerschaftsmethode*
Dieser bedienen sich die Maulbrüter. Das bizarre Liebesspiel wird durch Aneinanderkuscheln der Tiere eröffnet. Später beißen sich die Tiere sanft, aber nachdrücklich in die Bauchgegend. Was dann passiert, muß an dieser Stelle verschwiegen werden, da sonst Ärger mit der „Bundesprüfstelle für jugendgefährdende Schriften" ins Haus steht. Es sei aber verraten, daß die Befruchtung der Eier im Maul geschieht.

b) *Die Bruthöhlenmethode*
Viele Barscharten ziehen sich zum Zwecke der Vermehrung in eine Liebeshöhle zurück. Da es in Höhlen dunkel ist, liegen keine Erkenntnisse über das „Wer-mit-wem-wann-womit-und noch schlimmer" dieser Vermehrungsform vor.

c) *Die Gruppensexmethode*
Ist bei Welsen besonders beliebt. Das Weibchen bedient sich mehrerer Männchen gleichzeitig. Dabei kommt es zu einem Riesen-Tohuwabohu, da jedes Männchen natürlich das erste sein will.

Das kräftigste männliche Tier setzt sich dabei naturgemäß durch. Dem Geduldigsten winkt allerdings ein um so intimeres Schäferstündchen mit der Angebeteten.

d) *Die Macho-Methode*
Das männliche Tier zerrt das Weibchen rücksichtslos in seine Behausung und bedient sich seiner. Die gerechte Bestrafung für derlei grobschlächtiges Verhalten folgt sogleich. Das Weibchen läßt seinen Macho-Liebhaber auf den Eiern sitzen und nimmt Reißaus. Der alleinerziehende Vater hat in der nachfolgenden Brutzeit genügend Gelegenheit, um über das Für und Wider seines Tuns nachzudenken.

Vollglasaquarien

Die Bezeichnung sollte nicht zu der Annahme verleiten, daß in dem genannten Beckentyp kein Platz für Fische und Pflanzen ist, da es, wie der Name suggerieren könnte, bereits voll Glas ist. Die Namensgebung ergibt sich aus der Herstellungsart. Folgerichtig sind V. am ehesten mit sehr großen, rechteckigen Bowleschüsseln vergleichbar.

Vorbeugemaßnahmen

Sollen der Vermeidung von Fehlern dienen, wie sie in der Aquaristik immer wieder gemacht werden. Häufigste V. ist jedoch die über der Toilettenschüssel, nachdem ein mehrere Wochen in Betrieb befindlicher Filter vom Aquarianer geöffnet worden ist.

Vordergrunddekoration

Verhilft dem Becken zu einer optisch befriedigenden Vorderansicht.
Bei der V. ist darauf zu achten, daß diese den Hintergrund nicht gänzlich abdeckt, da sonst das Becken entsprechend gewendet werden muß.

Vollglasaquarium

Wasser

W

Wasser

Natürliches Lebenselement der Fische. Der Aquarianer entwikkelt mit der Zeit ein ganz besonderes Verhältnis zum feuchten Element, da ihm die Erfahrung zeigt, daß Wasser in derart vielen Qualitäten vorkommt, wie er es vorher höchstens von Bier kannte.

Wasserarten

Es gibt insgesamt drei. Wir unterscheiden in fest, flüssig und fliegend. Festes Wasser nennt man Eis, flüssiges Wasser und fliegendes Dampf. In der Aquaristik spielt jedoch lediglich flüssiges eine Rolle.

Wasserdichte

Zahlenwert, der angibt, wie dicht ein Aquarium ist. Er liegt im Idealfall bei 100 Prozent, in der Praxis allerdings meist darunter.

Wassergehalt

Der Wassergehalt eines Beckens richtet sich exakt nach der Einfüllmenge. Da jedes Aquarium nur einen bestimmten Wassergehalt verkraften kann, sollte man die Einfüllmenge genau bestimmen und erst dann in das Becken einfüllen.
Damit wird ein Überlaufen des Aquariums und somit unnötiger Ärger vermieden.

Wasserpolypen

Umgangssprachliche Bezeichnung für Wasserschutzpolizei.

Wasserreaktion

Fische reagieren auf Wasser eher gleichgültig, da sie es von Natur aus gewohnt sind. Anders verhält es sich mit Teppichen, Möbeln und Einrichtungsgegenständen, die ganz unterschiedlich auf Wasser reagieren.

Die Heftigkeit der Reaktion richtet sich nach der Wassermenge, die der Aquarianer bei Neueinrichtung, Wasserwechsel oder Reinigungsarbeiten in der Wohnung verspritzt.

Wasserströmung

Richtet sich nach der Auslaufrichtung des Aquarienfilters.
Um die Schmutzablagerung im Becken möglichst gering zu halten, sollte die Wasserströmung kreisförmig sein. Eine extrem hohe Wasserströmung tritt, zumindest kurzfristig, beim Bruch einer Aquarienscheibe ein.

Wasserwechsel

Muß spätestens dann vorgenommen werden, wenn das im Bekken befindliche Wasser so trübe ist, daß man die Fische nicht mehr sieht. Für den Wasserwechsel benötigt der Aquarianer mehrere Wassereimer, einen Schlauch, Gummistiefel und ein gutes Dutzend Schwämme, um verschüttetes Wasser aufzusaugen.

Weibchen

Ist die Bezeichnung für weibliche Fische.
Sie sind im Regelfall weniger farbenprächtig und überhaupt viel unscheinbarer als ihre männlichen Artgenossen. Hieran kann man unschwer erkennen, wie ausgleichend die Natur zu Werke geht. Bei Menschen verhält es sich nämlich genau andersherum.

Wildfang

Ist die Bezeichnung für einen aus dem Ursprungsland importierten Fisch. Wildfänge sind für den Laien an zwei Grundmerkmalen zu erkennen: Es gibt sie fast nirgendwo zu kaufen, und ihr Preis ist astronomisch hoch.

Wüstenfisch

Dieser stellt ganz besondere Ansprüche an die Qualität des Aquarienwassers. Der Handel hat sich erfreulicherweise darauf eingestellt und vertreibt das zur Haltung notwendige Spezialwasser unter der Markenbezeichnung „Extra dry“.

Wasserströmung

Z

Zebragrundel

Der Zebragrundel wird ihr streifenförmiges Muster immer wieder zum Verhängnis.
Meist auf dem Beckenboden sitzend – wie es nun einmal Art der Grundeln ist –, wird sie von Krebsen oft irrtümlich für einen Zebrastreifen gehalten und rücksichtslos überlaufen.

Zoofachgeschäft

Befindet sich der Aquarianer nicht vor oder in seinem Aquarium, sieht man ihn meistens in Zoofachgeschäften herumlungern, wo er nach neuen Fischen Ausschau hält und das Fachpersonal mit quengeligen Fragen nervt. Zoofachgeschäft und Aquarianer bilden im Normalfall ein symbiotisches Verhältnis. Das Zoofachgeschäft liefert dem Aquarianer alles, was er für sein Hobby braucht, im Gegenzug liefert der Aquarianer dem Zoofachgeschäft alles bis auf das letzte Hemd.

Zufriedene Aquarianer

Gibt es nicht. Entweder sind die gehaltenen Fische nicht gesund, oder sie sind es und sorgen trotz bester Haltungsbedingungen nicht für Nachwuchs. Auch verkümmernde Aquarienpflanzen lassen keine gehobene Stimmung aufkommen. Sind Fische und Pflanzen in bester Verfassung, gibt im Regelfall eines der dringend benötigten technischen Geräte den Geist auf. Sollte wirklich einmal die perfekte Harmonie im Becken erreicht sein, ist der Aquarianer ebenfalls nicht zufrieden, weil ihm dann sogleich die Größe seines Aquariums unzureichend erscheint.

Zwergziersalmler

Platzsparender Fisch für ausgeprägte Miniaturliebhaber.
Die schöne Grundfärbung ist eine wahre Augenfreude, insofern man den Fisch überhaupt erkennen kann. Bei starker Weitsichtigkeit wird der Kauf einer starken Lupe empfohlen.

ISBN 3-8231-0135-8

ISBN 3-8231-0543-4

ISBN 3-8231-0126-9

ISBN 3-8231-0188-9

ISBN 3-8231-0176-5

ISBN 3-8231-0166-8

ISBN 3-8231-0139-0

ISBN 3-8231-0189-7

ISBN 3-8231-0116-1

ISBN 3-8231-0173-0

ISBN 3-8231-0177-3

Fröh·li·che Wör·ter·bü·cher von A bis Z

ISBN 3-8231-0105-6

ISBN 3-8231-0138-2

ISBN 3-8231-0136-6

ISBN 3-8231-0159-5

ISBN 3-8231-0179-X

ISBN 3-8231-0110-2

ISBN 3-8231-0162-5

ISBN 3-8231-0181-1

ISBN 3-8231-0545-0

ISBN 3-8231-0101-3

ISBN 3-8231-0190-0

ISBN 3-8231-0120-X

ISBN 3-8231-0137-4

ISBN 3-8231-0534-5

ISBN 3-8231-0121-8

ISBN 3-8231-0152-8

ISBN 3-8231-0157-9

ISBN 3-8231-0122-6

ISBN 3-8231-0144-7

ISBN 3-8231-0114-5

ISBN 3-8231-0113-7

ISBN 3-8231-0541-8

ISBN 3-8231-0544-2

ISBN 3-8231-0107-2

ISBN 3-8231-0128-5

ISBN 3-8231-0191-9

ISBN 3-8231-0112-9

ISBN 3-8231-0542-6

ISBN 3-8231-0149-8

ISBN 3-8231-0548-5

ISBN 3-8231-0546-9

ISBN 3-8231-0147-1

ISBN 3-8231-0187-0

ISBN 3-8231-0167-6

ISBN 3-8231-0540-X

TOMUS-Bücher machen Spaß

ISBN 3-8231-0129-3

ISBN 3-8231-0143-9

ISBN 3-8231-0098-X

ISBN 3-8231-0168-4

ISBN 3-8231-0119-6

ISBN 3-8231-0123-4

ISBN 3-8231-0134-X

ISBN 3-8231-0650-3

ISBN 3-8231-0154-4

ISBN 3-8231-0163-3

ISBN 3-8231-0192-7

Fröh·li·che Wör·ter·bü·cher von A bis Z

ISBN 3-8231-0193-5

ISBN 3-8231-0164-1

ISBN 3-8231-0169-2

ISBN 3-8231-0170-6

ISBN 3-8231-0124-2

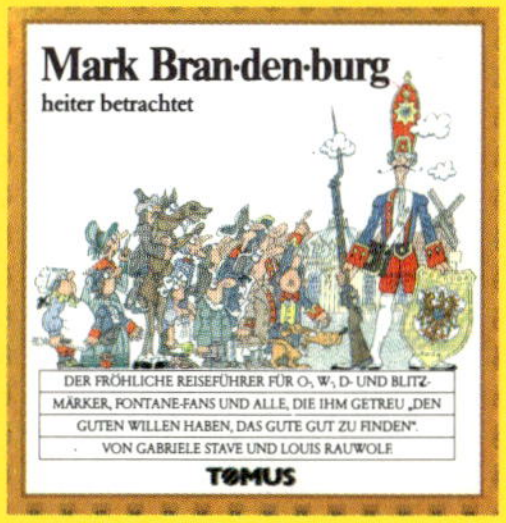

ISBN 3-8231-0539-6

ISBN 3-8231-0140-4

ISBN 3-8231-0194-3

ISBN 3-8231-0538-8

ISBN 3-8231-0185-4

TOMUS-Bücher machen Spaß

ISBN 3-8231-0117-X

ISBN 3-8231-0171-4

ISBN 3-8231-0156-0

ISBN 3-8231-0109-9*

ISBN 3-8231-0175-7

ISBN 3-8231-0172-2

ISBN 3-8231-0535-3

ISBN 3-8231-0174-9

ISBN 3-8231-0537-X

ISBN 3-8231-0111-0

ISBN 3-8231-0536-1

Fröh·li·che Wör·ter·bü·cher von A bis Z

ISBN 3-8231-0183-8

ISBN 3-8231-0184-6

ISBN 3–8231–0151–X

ISBN 3–8231–0130–7

ISBN 3–8231–0158–7

ISBN 3-8231-0125-0

ISBN 3-8231-0131-5

ISBN 3-8231-0530-2

ISBN 3-8231-0531-0

ISBN 3-8231-0195-1

TOMUS-Bücher machen Spaß

ISBN 3-8231-0141-2

ISBN 3-8231-0150-1

ISBN 3-8231-0145-5

ISBN 3-8231-0146-3

ISBN 3-8231-0115-3

ISBN 3-8231-0178-1

ISBN 3-8231-0118-8

ISBN 3-8231-0103-X*

ISBN 3-8231-0155-2

ISBN 3-8231-0161-7

ISBN 3-8231-0197-8

Fröh·li·che Wör·ter·bü·cher von A bis Z

ISBN 3-8231-0160-9

ISBN 3-8231-0132-3

ISBN 3-8231-0133-1

ISBN 3-8231-0148-X

ISBN 3-8231-0142-0

ISBN 3-8231-0199-4

TOMUS-Bücher machen Spaß

ISBN 3-8231-0099-8

ISBN 3-8231-0186-2

ISBN 3-8231-0547-7

TOMUS-Bücher machen Spaß